Hedevandringer

Af samme forfatter udgivet ved
Poul Erik Kristensen 2016 :

Fra min bitte-tid (erindringer)
Drengeår og knøsekår (erindringer)
Vredens børn (roman)
Bondens søn (roman)
Arbejdets glæde (roman)
Vadmelsfolk (noveller)

Jeppe Aakjær

Hede-
vandringer

Forlag: BoD – Books on Demand, København, Danmark
Tryk: BoD – Books on Demand, Norderstedt, Tyskland
ISBN 9788776916961

Udgiverens forord

Jeppe Aakjær (1866-1930) er en af Danmarks store forfattere. Hans første bog blev udgivet i 1897. Herefter kom der nye titler med jævne mellemrum, og flere kom endda i adskillige oplag.

Men tiden går, og retskrivningen ændres. Derfor har jeg i 2016 med nænsom hånd redigeret en række af Jeppe Aakjærs bøger for at fjerne nogle irritationsmomenter for nutidens læsere. Her har mit udgangspunkt været, at hvis jeg var i tvivl om en rettelse, fik Aakjærs egne ord lov til at bestå. Forfatteren har med andre ord hele tiden stået over grammatikken.

Navneord skrives med lille begyndelsesbogstav, med undtagelse af forskellige egennavne ændres aa til å, gamle stavemåder erstattes af nutidens, og enkelte ord erstattes af nye, der er mere forståelige. Endelig er der også hist og her, men bestemt ikke i noget stort omfang, blevet ændret en smule på tegnsætningen.

De fleste læsere vil formodentlig støde på dialektord, som de ikke helt forstår. Som regel vil det ikke betyde noget for forståelsen af helheden, men ellers kan ordet som regel findes på nettet i ordbog over det danske sprog.

Mit råd til læseren skal i øvrigt være: Læs bogen langsomt og med jysk sindighed. Så møder du Aakjærs mange finurligheder.

Poul Erik Kristensen

Forfatterens fortale

Det er nu allerede nogle år siden, at jeg til et større bogforetagende skrev denne lille ting. Jeg har da her udfriet den af sin indespærring og givet den lov til at finde vej ud til dem, der ellers ynder min digtning og deler med mig mit syn på dansk natur. Desværre er de sidste vel ikke mange, thi ellers kan jeg ikke forstå, at den skånselsløse mishandling af jysk landskab, den ustandselige kolde og hjerteløse raderen i vor mors ansigt kan fortsættes uden protest. Vi har et kultusministerium til værn og bistand for en hel række institutioner og forhold; hvorfor har vi ikke et kulturministerium, der bl.a. så sin opgave deri at værge om den landskabelige skønhed, så bl.a. hedens pyromaner kunne holdes inden for de rette grænser, ja, så vi i det mindste kunne beholde uskændet en så uslippelig national værdi som vore oldtidshøje, hvis antal alene i min levealder formodentlig er blevet halveret og fløjtende læsset på møgvognen.

Nå; men denne lille bog skulle slet ikke være et kampskrift, ville ikke råbe op og ikke trampe hårdt i brostenene, ville allerhelst læses af "de stille i landet", dem der sidder med sindet fuldt af længsel mod tavshedens blånende vidder og den livsalige ro, efter hvilken sjælene hulker midt i forbrydelsen og krigslarmen.

Jenle 25. sept. 1915.

Jeppe Aakjær.

Hedevandringer

Du kære brune hede,
du er min barndoms eventyr,
der havde hjejlen rede,
der sprang så muntre dyr,
der hørtes hyrdens aftensang
til milefjerne klokkers klang,
mens hederugens vipper
så tungt mod høsten hang.

Du kære brune hede
med lokkeleg og gyvelguld,
med pors og revlingbede
og tusind lærkers kuld,
med ulvefod, som knøsen slår
i gyldne slyng om pigens hår,
når de ved hedebækken
i fællig vasker får -

Du kære brune hede,
som bar min barndoms lykkeslot,
hvorhen min fod vil lede
mig, når mit hår er gråt,
omstridte plet af Danmarks land -
til dig kom hjem fra verdens rand
og standsed mindebøjet
så mangen mødig mand.

Ja, kære brune hede,
som revses hårdt af mand og blæst,
jeg kommer for at frede
en fattig minderest.
Du gør mit land så sært og rigt,
du ånder på dets kunst og digt;
at værne om din skønhed
må være danskens pligt.

Morgenens vældige sol,
løft kun din kugle med funklenblandt banker i østen!
Gøgen bag lyngstakke gol,
tusinde sangkære lærker får jubel i røsten;
brokken går krum i sin grav,
tågen i drift mod sit hav,
trækfuglesværme bag højene larmer mod høsten.

Bankerne drømmer i dis,
gravhøjens skygge sig ræd under lyngskrænten fjæler,
edderkopspind i hvert ris,
lysende verdner af ild i hver dugdråbe dvæler.
Nu er det dagværkets stund,
skytten går ud med sin hund.
Hellige time, da himlen på jorden nedknæler!

Stille, hjerte, sol går ned,
sol går ned på heden,
dyr går hjem fra dagens béd,
storken står i reden.
Stille, hjerte, sol går ned.

Tavshed over hedesti;
og langs veje krumme
en forsinket humlebi
ene høres brumme.
Stille, hjerte, sol går ned.

Viben slår et enligt slag
over mosedammen,
før den under frytlens (1) tag
folder vingen sammen.
Stille, hjerte, sol går ned.
Fjerne ruder østerpå
blusser op i gløden,
hededamme bittesmå
spejler aftenrøden.
Stille, hjerte, sol går ned.

(1) plante tilhørende sivfamilien.

Den muldvarp han graver i morr og muld,
er nødig sin roden foruden,
selv roser og liljer han kaster omkuld,
han sparer skam ikke på snuden,
- O Danmark, hver blomst i dit duftende bed,
så ilde den ville vist komme afsted,
om muldvarpens slægt skulle råde!

Vel priser jeg stræbet til slægternes gavn
på jorderne fede som magre,
når, Danmark, du skriver med solguld dit navn
i rugens langtbølgende agre;
men ej tør vi måle vort fædreneland
ved kun, hvad det yder i skæppe og spand
og kaster i krybben for kvæget.

Så fattig blev, Danmark, vel ej dine kår,
så lidt gav ej rugen i trave,
at ej du har råd til en blomst i dit hår
en lyngkrans til fædrenes grave.
Lad ingen mod blomsten da vække din harm,
thi rugen skal nære vor styrke, vor arm,
men blomsten skal nære vort hjerte.

Jeg har altid elsket Viborg. I tusinde år har den og lyngen stået og hvisket sammen om mange forborgne ting. Dens gader er krogede som vilddyrs stier; dens smågyders stenpikning har en knudret tilforladelighed, som dengang riddere og munke trådte den med sømslagne sko.

Er end lyngen ganske vist for længst jaget fra dørene, står der endnu over byen en duft af hede som i ingen anden dansk købstad.

Jeg råder da dig, som vil se den jyske hede, til at pakke din ransel i Viborg; kommer du her på en almindelig ugetorvedag eller endnu bedre til et af de meget yndede fæmarkeder, der afholdes på de tider, da udfaldet af høsten kan blive både "hvordan og sådan", vil du ved at se dig godt for, mens du vandrer hen over byens brogede torve, møde talrige træk af hedeboernes liv, som du ellers kunne have gennemstrejfet kvadratmil for at finde mage til.

Jeg besøgte byen en solfyldt dag i august. Tågen steg op mellem rørene ude langs den skønne Viborg Sø, gyngede en tid ubeslutsom i rørskafternes lange, brune duske, steg til vejrs i skrå flugt ind over byen for at danne blå spiraler omkring de to domkirketårne, der som et par vældige ryttere i kvadretung alvor spejder over sletten. Skønt solen endnu dårlig er kommet fri af træerne omkring det gamle Asmildkloster, begynder byens knudrede stenbro allerede at gungre under de første bøndervogne; det er folk, der er vant til at stå tidlig op; det er ikke ret mange solopgange on året, der tager dem i fjerene.

Her kommer bønder fra hele det vidtstrakte opland, der enten er hede eller nabo til hede. På kortet minder Viborg om et uhyre hjulnav, hvorfra vejene stråler ud som eger. Trivelige folk med tunge maver og tilfredse miner kommer mest med vejene fra øst og nord, hvor befolkningen har sit på det tørre, hvor lynghederne for længst er forvandlet til frugtbart agerland, og hvor store hvide malkekøer danner sommerlyse espalierer langs vejene. Vestfra kommer bønderne fra Daugbjerg og Mønsted i gammeldags stive vogne med grønmalede vognskrin og sidmavede heste. Mændene har ikke sjældent rødrandede øjne på grund af den evige tummel med kalken, som her har været fortsat gennem århundreder. Det er benede stærke mænd af et hærdet ydre, hvor selv de halvfjerdsårige kan sidde på vognen milelænge i knagende vinterkulde uden overfrakke. Til gengæld ser man ofte deres kvinder omvikle hovedet med de tykkeste "uldenklæder" selv i bagende solhede.

Mest fængsles dog opmærksomheden af de befordringer, der kommer ind til byen fra sydvest, det vil sige fra de rigtig uforfalskede hedesogne - Grønhøj, Havrdal og Frederiks. Naturligvis har den almindelige kulturstigning også her gjort sin virkning og krævet et hurtigere tempo; men for nogle år tilbage udviste hedevejene på byens store dage hele studekaravaner op gennem lyngørkenen. Det gjaldt om at komme tidlig hjemmefra, så byen kunne indhentes, før solen var blevet for nærgående, og bisselysten var faret i det træge forspand. Thi slemt kan det være at køre løbsk efter et par velfodrede bondeøg, men syvfold værre tegner sig situationen, når bestialiteten begynder at snurre bag en studs tykke pandeskal. Sådan et bremsestukket studepar, det regner ikke livet ved en skovisk, og man kan lettere standse en tordensky end bringe et par "skjennende stude" en tomme fra deres vej mod helvede.

Se opmærksomt på disse folk, som sidder der på agebrættet og bakker på stumppiben, mens sivpuderne knager rytmisk fra studebringen, hver gang dyret flytter klovene frem. Der hører ikke meget til at opdage det fremmede blod, der ruller i disse årer. Blot et par skrab i den kobberbrune hud ville kalde tyskeren frem: "Wer da?" Thi tyskere, "kartoffeltyskere", det er det netop, de er; ætlinger af hine hessere og fattige rhinbønder, som Frederik 5. lod lokke her til landet i 1759-60, og hvoraf de fleste undløb, mens dog de fattigste blev. Vi skal senere træffe dem, når vi betræder deres territorier i Alheden. Det er brave folk med reelle hensigter - og et par solide lyngknipper bag i vognen. De har næsten alle et kroget knæk i rygpartiet som minde om deres trælse slid med sandjorden.

Men vi skynder os op på byens hovedtorv, der i broget pragt næsten kan måle sig med et torv i syden. Her danner de lave huse karré om et virvar af skravvogne og torvevarer, grisekasser og fiskekællinger. Hedebønderne er fødte handelsmænd, de har alle et glimt af sølvskillingen i øjet. Grisene hyler, og hestene rimmer, og ind gennem eder og latter og ivrig træskotrippen lyder skarpe håndklask, når en får sig varen "slagen til"; det sker med en appel, så duerne, der går og pikker i den spildte hakkelse under pindevognene, flyver hovedkulds bort over tagene.

Mest broget udfolder livet sig ovre i torvets skyggeside, hvor der er trukket en respektfuld lænke omkring borgmesterens munkerøde renæssancevåning; her sidder byens hvidklædte ungmøer og gynger allerkærest i jernlænken, mens de fortæller bysladder og spiser kirsebær og vædder med hinanden om, hvem der kan spytte stenene længst ud mellem torvesælgerne.

I umiddelbar nærhed af de kåde damer har en pottesælgerske spredt sine lervarer over stenbroen. I en afsides lynghytte har hun formet dem alle over sit knæ. Der er gammeldags kaffekander med hængetud, der er urtepotter og mælkesætter; vindt og skævt er det meste, men solen slår de fornøjeligste glimt ud af glassuren på det alt sammen, og den gamle rynkede kunstnerinde, der sidder på hug over sit lyngknippe, løfter de mest unævnelige kar op under næsen af de forbipasserende og spørger indsmigrende: "Åh, ska' du'tt hå'en pott'?"

De drilske damer på borgmesterlænken har udvalgt sig den gamles kar til skydeskiver for deres kirsebærsten; når et særligt velrettet projektil med et smæld dumper ned på bunden af et lerfad foran den gamles næse, løfter der sig en skingrende latter fra de hvidklædte, mens jernlænken gør et stort udsving. Den gamle finder sig stramt i de unges spøg, så længe handelen går godt fra hånden; men har der i nogen tid ikke været kunder til varerne, griber hun kirsebærstenene og slynger dem tilbage mod den hvide skare, mens hun råber: "Sådan no' sølle fint skidt."

Vi går et par skridt til højre; dér står en tre alen lang mand i nystampede vadmelsklæder ret op og ned i solheden og knuger en hvid hane ind mod sin toradede vest. Han har næppe rørt sig af flækken den sidste halve time. Hans fedtlæderstøvler er hvide af vejstøv; han har øjensynlig gået flere mil for at afhænde den kok, og nu står han her på to solglødede brosten og lader solen svide sig vabler på ørerne bare for at kunne stikke det par mark i lommen. Han bakker ganske stille på piben, for at tobakken kan vare længe, mens han ser sig om efter bid. Hoho! der kom endelig en solid kunde. En besnoret officer med sin frue under armen har gjort stands et par vognlængder fra hanemanden. Fruen slipper sin mands arm, gør et energisk løft i kjolen og skridter mellem vognskrin og muleposer hen mod bonden. Kritisk lader hun sin hvide hånd rende op langs hanens brystben, mens hun gør et par korte spørgsmål til ejeren. Han bakker blot lidt heftigere på piben, men synes ellers at være af den mening, at hanen kan svare for sig selv. Dyret, der føler de hvide fingre i sit kød, reagerer på mandfolkevis ved under en kalkunsk gurglen at spjætte kraftigt ud til damen med sine lange sporer. Der blev ingen handel deraf. Da jeg to timer efter på ny gik forbi, stod bonden der endnu uden at have rykket sig en tomme. Det er folk, som forholdene har lært tålmodighed.

Dér kommer en gammel brunet morlille med en solhat over de tjavsede lokker. Hun skyder sig med livsfare forbi hestemulerne for at komme midt ind i folkemængden. Hvad er det, hun går omkring og frister med? Vi kigger ned i hendes spånkurv. Midt i kurven ligger der en klat ravgult smør, til højre er der nogle blonder, ikke større end en barnehånd, til venstre en kost tørrede lavendler. Smørret, forklarer den gamle, er af hendes eneste ko; blonderne er noget, som hendes datter "har siddet og prik-let med for at forslå æ tid", og lavendlerne er såmænd fra hendes egen kålgård og har hængt ved bjælken siden sidste efterår. "Det er migi godt kram; der er ett no' fjedteri ved det." -- Med fedteriet er det dog så som så. Smørret er løbet lidt ud i solvarmen, og både blonderne og lavendlerne har fået en smøre af det gule. Jeg skiller hende af med lavendlerne. Da jeg ikke ønsker at få tilbage på femogtyveøren, får jeg en lang række lovord i tilgift og en omstændelig opfordring til at se ind ad hendes dør, hvis min vej nogen sinde skulle falde der forbi.

Hvor livet må leves nøjsomt der, hvor man må regne med slige indtægter! Det er der, hvor man går til landhandleren efter kaffe med en tiøre på fingerenden og beder om at få tre igen.

Kommer de til købstaden som nu i dag, sidder de på købmandens trappe og spiser deres smørrebrød og får ved disken gratis en snaps til. Kvinderne får simpelthen intet, med mindre de har en slægtning i en sidegade, som skænker en kop kaffe til vederlag for en medbragt pægl kogt fløde.

Men dagen går på hæld over den gamle ærværdige stad, og dens smukke hvidklædte døtre har helt forladt deres yndlingssæde på borgmesterlænken. Solen ses nu mellem de to domkirketårne som en gylden dukat mellem to fingre. Dens fyldige stråler kæler ømt for det røde i de mange små lave tage.

Støjen fra torvet er stilnet som et vand, hvis stigborde er sænkede. De små købmandsskuffer er skudt ind i sig selv rundt om i de små sure butikker, hvor gamle skrå og harkklatter nu er de eneste minder om kunderne; de sidste grisehyl er tonet bort gennem de lave porte, lyngknipperne braser allerede under baggydernes knitrende aftengryder, torvet er nu taget i besiddelse af duerne; de drejer sig hid og did efter de spildte kærner fra muleposerne og gør et forvirret slag op i gadevinklen mod borgmesterboligen, da en susende stork med en snog om næbbet tramper luften med sine slagfjer.

Men endnu da månen står op over de lave huses trekantede gavlsilhuetter, står der en syrlig duft af pluklyng og revlingris i den gamle bys krogede gader.

Viborg er som en rude ud mod heden, og når vi skal nærme os lyngen, kan det ske ad mange veje. Vi kunne følge i kartoffeltyskernes spor og komme forbi Hald med dens sære forvredne gamle egeskov, der strækker sine vilde knudrede arme imod stormene for ligesom at bede om vuggefred for den herlige lille blå sø, der ligger i middelalderlig drøm bag dens løv. Vi kunne lade studefolket knirke videre ad Stanghede og Fallesgårde til, mens vi svingede til venstre forbi Schinkels borg, der ligger i skovkanten, som en skaderede på en gren; så ville vi komme om ved det skovindfiltrede Bækkelund, ved hvis fod stenørreden gør høje spring omkring det skummende vandhjul, og sluttelig ville vi føres ind mellem Dollerup Bakker, hvis strenge, alvorligt tunge form smelter så velsignet sammen med lyngens brunhed og sænker sin storlinjede ro med uudsletteligt minde i ens sjæl.

Men vi vil ikke tage nogen af disse veje, men uden alle svinkeærinder drage vestpå ad Holstebrovejen og ikke standse, før vi når det sagnrige Daubjerg Dås - efter Himmelbjerget det berømteste højdepunkt i Jylland - Fjends Herreds Mont Blanc, hvis 227 fod høje moræneknold åbner et mægtigt panorama mod heden i syd og vest.

Alt i verden er jo relativt. Vel er Daubjerg Dås en liden, liden pusling mellem europakortets bjergmatadorer; men ingen bjerglandssøn kan med større ærbødighed pege op mod Ymesfjeld, mod Rigi eller Ben Nevis end vi slettelandets fårehyrder mod "æ Dojs", når vi viste den til de fremmede og pegede ud mod dens blånende bakke, der løfter sig mod en flimrende baggrund af heden og eventyret. Dens sidskæggede bjergmænd og nisser og skattegravere besatte vor fantasi, fra vi var små; om dens mærkværdige sagnverden havde vi hørt vore første eventyr i kakkelovnskrogen, mens karterne skrattede, og lysene brændte ned i stagerne. Vi syntes, at alle kæmpehøje rundt om sank sammen som støvbolde ved siden af den. Og vi bestemte ved dagens frembrud vejr og vind for hele døgnet efter den måde, hvorpå "æ Dojs" bar sin lette blå tågekalot. At bestige Daubjerg Dås var en uforglemmelig begivenhed i et barns liv; og intet under, thi selv for den voksne forvænte turist ville det repræsentere en stjerne i Baedecker (rejseguide); ja, jeg vover at sige, at den mand, der kold og ligegyldig kunne betragte dette milespændte sceneri, der i simpel, men storslået højhed åbner sig for beskueren fra denne ærværdige bakkes top, hans gemyt er lukket for sand og ægte naturskønhed.

Lad os være kommet herop en midsommerdag, når rugen drær over Fjends Herred; thi her er netop stedet til at iagttage dette velsignede, skønne naturfænomen. Uge efter uge har de groende rugagre stået og forberedt sig til denne ting. Stråene har knikset i knæene i vindens dans, aksene har spærret deres avner fra hverandre mod sol og dug og stået stille ligesom lyttende mod noget fjernt, når fuldmånen gik op over hedebakkerne i øst. Støvet har allerede i nogen tid forventningsfuldt dinglet mellem avnelæberne; nu er timen der; en rask brise stryger kærtegnende over lyng og krat og så: huj! Et nyt elastisk kniks i knæene, et kælent kast med det bløde skaft, - og det gule støv kaster sig ud i vinden som små alfer og boltrer af sted som en svagt hensvindende røg. - Hvem udtaler det trylleord, der en sådan godtvejrsdag pludselig og på samme tid bringer en hel egns rugmarker til at kaste støvkornene? Her oppe fra er synet især pragtfuldt; det ser ud, som kom den blå røg fra noget, der brændte under jorden. Fænomenet springer fra mark til mark tværs over moser og lynghøje; det er vinden, der giver feltråbet. Mærk, hvor luften er sød af alt det avlingshigende støv, der hvirvler omkring hinanden med blinde, men hede instinkter. Der er noget af rugbrødsbagningens duft og sødme skjult deri.

Er denne lille scene af naturlig uskyld, hvor Moder Jord et øjeblik åbner døren ind til sit lønkammer, for længst ført bort af de spøgende vinde, vil dit blik fanges af alvoren i det landskab, der spreder sig rundt om Dåsens fod. Ligger ikke der op ad bakkens lyngklædte sider det gamle hærdede Daubjerg med alle sine gåder i kalk og flint. Der er noget sært eventyrligt og fossilt ved denne hedeby. Bag hver vidjebusk på bakkeskråningen kan du vente at finde mundingen af en nedlagt middelalderlig kalkgrube. Dalen her foran dig ligner et stivnet kraterlandskab; det ser ud, som om et kæmpesvin havde gået og rodet jorden op. Kilder springer frem af kalken, løber et stød ned i dalen, går så atter i deres mor igen og kommer nu først frem dybt nede, hvor de vider sig ud til en bæk, ved hvilken de omliggende gårde vander deres kvæg. De små gårde rundt om på kalkbakkerne er endnu hyppig af en gammeldags type med krumme egestolper i lervæggen. Markerne omkring gårdene er ikke alle i den bedste drift; daubjergboerne har i umindelige tider været vant til at høste mere under end over jorden. Gennem tusind år har de små primitive bugede kalkovne rundt om på skråningerne ligget og lyst milevidt gennem sommernatten med et eget eventyrligt skær på hedens himmel. Om det kunne tale, det gamle besynderlige egekrat der nord om byen, hvis mossede grene krymper sig sammen som i krampe. Gennem dets pjuskede toppe har røgen fra denne oldtidsindustris små uformelige ovne søgt mod den evige, uforanderlige blå himmel måske lige fra Gorm den Gamles dage. Mænd og kvinder er krøbet op og ned af disse gruber med den hvide sten, nat og dag, sommer og vinter gennem utalte år. Når den gamle krogede morlille selv er blevet "taget ned", har hun rakt bærebrættet til datteren, og hun har så båret det videre, op og ned ad de næsten lodrette stiger, til også hun en dag grebes af alderens og overanstrengelsens svimmelhed og måtte bede om en nådig afløsning.

Daubjerg er nok et besøg værd. Få steder i vort land yder et sådant perspektiv til vurdering af hedebondens trælsomme liv gennem tiderne. Nu foregår kalkbrydningen helt rationelt, især da i nabobyen Mønsted, hvor "De Jyske Kalkværker" beskæftiger ca. 30 mand og henter 16.000 tdr. kalk op af jorden om året; men anderledes for en menneskealder siden, da de små gårde drev gruberne for egen regning og risiko. Da var livet en eneste lang slavedag. Alt måtte ligge stille for kalken. Kvinden reves fra hjemmet og børnene for at trælle i gruberne; mændene forsømte deres jorder for at ligge og rakke på vejene snart efter brændlyng, som plukkedes oppe i heden, snart på milelange kørsler med den brændte kalk ad ensporveje over det halve Jylland; ofte kørte kalkmændene da i række, hvor kun den forreste vågede. De ældre havde en egen evne til at holde sig fast på det hoppende stenlæs, selv om de snorksov; smådrengene ("pøjkerne") blev gerne bundet fast med reb. Dette evige landevejsliv gav anledning til megen svir og brændevinsdrik rundt om i kroer og bedesteder. Få af kalkkørerne blev velstående. Daubjerg har altid været en fattig by. Ikke for intet hedder det om byen i en mandtalsliste for 1705: "Her er ingen, som kan væve dynevår, linned eller vadmel, langt mindre det, som mere er. Men de husfolk, som her findes, har intet at nære sig med uden deres spinderok om vinteren og avlingsarbejde for bønderne om sommeren. Inderste er en del piger, som for mangel af brødkorn ej kan få tjeneste om vinteren, og en stor del betlere, som enten går eller lader sig føre omkring, for deres ophold at søge, hvilket ikke en ringe del af gårdfolkenes egne børn nødes til at gøre for forældrenes armods skyld."

Men nu kan vi ikke dvæle længere ved Fjends Herred, dens lange, mod vest faldende dale med krogede bække i bunden, dens tunge, lyngklædte bakkerygninger, der endnu byder ploven og kulturen trods, dens mange kornomkransede kæmpehøje (oldforskeren har på herredets knap 8 kvadratmil talt 1450), ad hvilke de små hvide lammehaler legende hopper op og ned i sommersolen. Vi drejer os nu mod syd og har da foran os den skønneste, den videste, den mest ubrudte hedestrækning i vort land. Det er den ca. 12 kvadrat-mil store Karup-Flade, der fylder synsfeltet for os og står med disede rande til alle tre sider af horisonten. Nu er solen kommet helt om på sydhimlen, og luften flimrer og sitrer over lavningerne og de små spejlende hededamme. Alheden ligger så jævn, som var den tromlet; her er endnu milelangt mellem byerne, og de, der er, tæller kun få beboelser. Langt ude i det fjerne rager kirkerne i Grove og Simmelkær til vejrs som spydstager; ellers har alt andet lagt sig fladt ad jorden.

Dog ikke sådant, at her er kedeligt eller ensformigt. Hvem har opfundet den dumme snak om, at heden er ensformig! Det må have været en eller anden nærsynet stakkel, der har gået og stødt øjenbrynene stumpede i den overpakkede storby, og som har mistet skelneevnen overfor de fænomener, der ikke er lavet på maskine. For øvrigt må jeg spørge, om ikke de kultiverede strækninger er ensformige, med deres evige gentagelser af sædskifterne: En ager rug og to agre kartofler osv., mens hvert frø, der ikke kan give mel i sækken, bliver forfulgt og nedtrådt.

Herude vokser alt side om side. Sædemanden går derude over bakkerne i syd; se, hvor det flimrer og glimter om hans sædekurv! Dalene fyldes af virrende dis, heden løfter sit skød mod den altfavnende sol, tusind usynlige lærker spænder et væv af toner gennem den soltindrende uendelighed. - Det er gud Pan, der atter er søgt til Jorden for at beherske øderne med sin fløjte.

Men lad os en stund forlade vort herlige udsigtssted, med mindre du har lyst til at dvæle her, til månen står op hist henne over tørveskruerne omkring Nygaard; da pibler dampene frem af Hønemose ved Dåsens fod og strækker sig i hvide fantastiske former op ad dens lyngklædte sider; og månen rører med sin ske i sumpen, og dampene stiger end højere op ad bjerget; da kan der ud af stilheden lyde et skrald, som slog bjergmanden sin stenkiste i lås mod natten, og da har mere end en ungersvend taget flugten i huj og hej med favnespring over de lave flinthøje.

Aften efter aften har vi hyrdedrenge, når studene var flyttet til natten, stået med vort åsyn vendt mod "Dojsen", dog altid i smuk afstand - og gyst ved vor egen dristighed, mens vi råbte op mod vor barndoms rædsel:

"Bjergmand, bjergmand, er du derind',
kom ud med di' sytten egepind'."

Den mindste lyd, en vidjes knirken, en fugls natlige flugt, kunne da bringe os til at knyge af sted med kuldegysninger gennem rygraden. Dette trylleri over det barnlige sind har Daubjerg Dås vel ikke vedblivende kunnet opretholde; nu ligger den kun som en mægtig rund høj på sletten blandt de andre høje.

Vi forlader højen og går ned på sletten. Vi vil da først passere Flintbjerg, et højdepunkt kun lidt lavere end "æ Dojs", der ligger lige op ad Skive-Kolding Landevej. Her kunne man for nogle år siden iagttage den vældigste hedebrand, der i umindelige tider havde hjemsøgt Alheden. En lyngslåer havde under middagshvilen bortkastet den tændstik, hvormed han havde bragt ild på sin pibe; den knastørre lav havde øjeblikkelig fænget; på mindre end et par timer stod 1000 tdr. land af storlyngen i lysende lue.

Røgen fra en sådan brand kan fylde hele herreder. Der er i almindelighed ikke noget at stille op. Befolkningen bor alt for spredt, slukningsmidlerne - da især vand - tilbyder sig alt for sparsomt. Det virksomste middel er at pløje for ilden i læsiden; men opgaven er ret umulig, hvor ildlinjen kan have op imod en halv mils spændvidde. Ilden bliver da gerne ved at husere, til den støder mod dyrkede marker, og render den for et fald modent korn, tager den ofte dette med. Det er et højst uhyggeligt syn, sådan en afsveden rugmark, hvor der kun er levnet en enkelt dusk her og der.

Det kan også skabe en uhyggelig spænding, når flammelinjen raser frem mod et enligt nybyggerhjem, der ligger med lyng til alle sider. I et nu kan huset være omringet af røg og flammer. Hvor skal dets ulykkelige indvånere ty hen, her hvor jorden bogstavelig brænder under dem. Som oftest slipper de med angsten, men den kan også under visse omstændigheder, hvor en mor er ene hjemme med en flok skræbende børn, grænse til vanvid.

En sådan brand fortærer alt liv på sin vej. Ræve, harer og grævlinger flygter af sted over hals og hoved, men flygter ofte sanseløse ind i ilden. Fuglemødre vil ofte ses i tøvende flugt og med pip og klage over røghavet, på hvis bund de har måttet prisgive ungerne. Hugormen slænger sig i rasende knuder fremefter og tilbage for omsider at skælve til ro i en askehob. Dog vil de tit i flokke og med løftede nakker være at træffe rundt om i de tilgrænsende kartoffelmarker, og den, der vovede sig derind, ville sikkert få deres blinde opskræmte raseri at føle. Intet kan i tristhed måle sig med en sådan udstrakt, afbrændt hedeflade. Bundens ildhærdede mørke får en tone som blånet stål, der næsten føleligt skærer en i sjælen. Ikke en fugl synger, ikke en myg summer; naturen er vendt tilbage til det uorganiske, efter at alt liv er gået op i røg. Går du ud over en sådan flade, ser du kun jordens noprede hud; her har en lille mus haft sin tue; undgik den døden i luerne, er den for længst tørstet ihjel af mangel på dug. Hvert øjeblik støder du på en lille benhob; hver knokkel så sprød, at den klinger som sølv mod støvlesnuden, og der ligger en kæmpebøj så skaldet som en gammel mand, der har tabt sin paryk.

Men se der de gamle vejspor, som står så sorte, som var de trukket op med tusch. De har været godt dækket før af den skærmende lyng; nu løfter de sig op af asken og vidner, at her hist ude gik oldtidsfolkenes vej mod Karup, der i en fjern fortid var en stor central samlingsplads, måske oprindelig et hedensk offersted, senere et katolsk valfartssted med store, brogede kildemarkeder. Hvem der med tryllehætten på sit hoved kunne have siddet der på den terrasseformede brink, der lukker sig om den lille strøm Sejbæk, og set alle de skiftende generationer stage sig over vadestedet dernede!

Nu er Sejbæk en liden puslestrøm, der ligger og føler sig til nogle vanddryp her og der oppe i de mossede hededale, mens lammene springer over dens løb i forårstiden; men den dybt nedskårne, terrassedannede seng, hvori den nu går mellem hældende siv, taler højt om, at her har været stort vandpres på engang, og sikkert mere end én oldtidsmø har vredet sine hvide hænder og råbt til sine vilde guder, når studespandet skulle krydse dette vadested.

Jeg må altid tøve lidt ved en sådan lille strøm; det er som en klinger kilde fra naturens eget hjerte. - Jeg drejer mit øre mod dig, nyn så for mig med din sagte bedrøvede røst. Alle hedebække ligner hverandre som søskende; de har alle den samme vemodige syngen, det samme stilfærdigt resignerede løb, som ville de sige: "Åjaja! her går jeg såmænd endnu!"

Jeg har passeret et utal af dem i min ungdom, men ingen så smukke som den vesterude, hvor heden nu er blevet mishandlet af plantører og forstmænd.

Den rigtige hedevandrer, han går altid sni (skrå) til. Kun da får du noget rigtigt ud af din gang. Snart storker du hen over en lav sænkning, hvor storlyngens brune ris spænder for foden og svirper om benene; snart er du atter oppe på et bakkehæld, hvor gyvelen rasler med de horntørre kapsler, og den af de barfodede hyrder så frygtede visse (æ stikk') kryber langs bunden med de piggede stængler. Så kan der følge en strækning, hvor heden minder om huden på en broget ko, idet små kedelformede fordybninger i jordsmonnet har hyllet sig ind i stridt græs i stedet for den sædvanlige lyng. Det ser ud, som om den omsorgsfulde moder natur har villet bøde hedens brune kofte og i sin nød har grebet til disse grønne og gule lapper. Men har du vandret din pande svedig over storlyngens knudrede rafter og åndet ind i vellystige drag den matsøde duft af fugtdrukkent mos, der kanske for første gang strejfes af en menneskefod, da gør du et glad spring ind i den mere fremkommelige fårelyng, hvor hver dværgagtig blomstergren står nedpakket i puder af lav, der skinner som elfenben og knækker under støvlerne, som trådte du i dynger af krebseskaller.

Jeg var netop hin dag nået ind på sådan en uendelig, håbløs flade af lavstammet lyng og krybende revlingris, da jeg overfaldtes af en voldsom tørst. Længe havde den ligget og spiret under tungen som noget sugende usynligt med et ubestemt krav om væde; men efterhånden som den tilbagelagte vej længedes, og trætheden tiltog, skød den sig truende frem fra bevidsthedens baggrund med det ene brutale råb: Vand!

Nu er alle hedestrækninger langtfra lige vandfattige; somme kan tværtimod have et ikke ringe antal idylliske damme, hvor vandet samles gennem skjulte årer, mystisk som mælken i koens yver. Her vil hyrdepigen, når hun på hede sommerdage afører sig tøjet for at svale de tunge former i det brune mosevand, ofte i breddens dynd finde aftryk af vildandens plumpe fod eller se vinden lege med de brogede fjer af hjejle og vibe, der her har spulet næbbet og renset de seglkrumme vinger, før de fortsatte flugten videre over de solbagede åse.

Men på den strækning, hvor jeg i dag færdedes, var der intet, der lignede damme, og jeg var allerede selvopgivelse nær, da jeg aldeles uventet stod foran et terræn, hvor Moder Jord havde lagt et læg på sin milevide, ensformige brune kjole; med andre ord: en temmelig dyb dal lå for øjet og sprængte de trange hedebakker fra hverandre. To fede rødben, der løftede sig i besværlig flugt over bakkerne, sagde mig, at her måtte være morads. Og - - thalatta, thalatta! da jeg nåede helt frem på bakkens kam, så jeg, at der gik en lille væver bæk i beherskede slyng på dalkløftens bund. Jeg styrtede i strakt løb ned ad lyngskrænten, kløvede en række sivbuske og en stædig klynge grå vidje ved bakkens fod, men følte i næste nu noget isende koldt i mine sko, der ligesom krystede mine tæer sammen med en frosthånd og nægtede at give slip igen.

Kort sagt, jeg stod i mudder til anklerne, og foran mig og til siden lå der mellem kiselstride totter af kæruld og skærgræs pyt ved pyt med vand af et udseende som spildt tjære, der slængte sollyset tilbage i syvfarvet pragt. Under rundrygget skuffelse klarede jeg mig til land. Jeg så ned på mine dyndklattede sko: Dér gik den blanksværte!

Jeg kunne høre bækken risle kort fra mig. Det var næsten, som lo den mig ud, fordi jeg ikke bedre vidste, at det, man stærkest attrår her i livet, skal man som oftest snige sig til ad snedige omveje. Da jeg havde løbet et stykke langs bakkefoden, fandt jeg et sted i vanddraget, hvor vilderet trak sig tilbage og gav plads for et af røde tranebær gennemspættet mostæppe, over hvilket jeg som på hynder, der fjedrede under foden, nåede frem til mine længslers mål. - - Lad ingen mand tale ilde om den svale vin, der smigrer ganen en sildig aften i gode kammeraters lag; den bragte tit fart i den strøm af blod, der i sin forsumpning var ved at lejre dynd i åren, mens det levredes i lede og klumpedes i foragt, og dets løb minskedes i dagevis under pligtstræbets evige hindringer og skuffelser; den fyldte for en nat sindet med søde illusioner, uden hvilke livet altid synes så fattigt at leve; den tændte igen ungdommeligt mod og begejstring i vor hjerne og fik os for en stund til at tro, at vi var kæmper, der gik med vore hoveder i himlens skyer.

Men tifold mere elsker jeg den stille bæk på heden, der byder den tørstige sin svale, ædruelige mund, mens den pludrer imod ham med tusind vemodige lyde fra naturens egen gådefyldte sjæl.

Den naive østerlænding med sit letvakte, poetiskreligiøse gemyt lod lyse himlens velsignelse over de kilder og strømme, han krydsede på sin ørkenvej; og den, der på sin fod har gennemvandret en rigtig jysk hedestrækning og fundet en lille sladrende Kedron (olivenplantage), da alt håb var i færd med at forlade ham, han vil forstå den dugøjede taknemmelighed, af hvilken hin trang til forgudelse sprang frem.

Så snart min første luende tørst var slukket, begyndte jeg at spekulere over det næsten mirakuløse i at finde en bæk på dette sted. Naturen plejer jo altid at slutte som så: Hvad der er sparet, er tjent; og her syntes bækken ikke at løse nogen anden nævneværdig opgave end at ligge som et spejl for de drivende sommerskyer, men dejlig og jomfruelig var den at se ned i, kemisk fri som den var for opkiltrede landsbykællingers udrensning af fåretarme eller fattigvaskens pauvre indigoblåt.

Det kraftige røde mos, der kantede dens bredder, dannede naturlige filtre, hvorigennem vandet siedes i blanke dryp, der hang og vaklede lidt i de kryssede, bløde hår, blinkende et sekund i solen, rundedes til indefra og faldt ud i bækken, hist under en dæmpet lyd som af ømme, hastige kys, her med et klingert smæld, som når en tyndslidt sølvmønt tabes mod en egekistes bund.

Da jeg således i nogen tid - liggende på maven i mossets bløde puder -- havde lyttet til dråbernes melodiske fald og de bløde kluk fra vandet, der gnubbede sig frem mellem de svovlede bredder, gled mit hoved lang-somt, la-ngsomt! ned mod jorden, sløvet af solen og døvet af bækkenyn. Ved kindens berøring med det fugtige mos vaktes hjernen til et øjebliks protesterende bevidsthed. Hovedet rejstes atter en lille kende; men i næste nu lå kinden fladt mod mosset, og da dets kølighed nu ikke mere kom som en overraskelse, men snarere som et nyt velbehag, lod hovedet sig modstandsløst drage efter sin egen tyngde.

Jeg sov. Og drømte frit og i stærke billeder, som man kun drømmer under åben himmel på en pude af mos, mens sivgærdet ensomhed står vagt om søvnen, og dråbedryppen og bækkepludren hvisker i øret og nedtysser alle pedantiske indvendinger.

Sådan gik det mig den dag, sådan kunne det gå mig igen, hvis jeg lyttede alt for længe til din ømme pludren, du lille blankøjede forførerske.

Men dagen er til dåd og ikke til søvn; det ved han, som vandrer histude efter studespandet og "brækker heden op" i lange kantede furer. Lad os bøje om ad manden og se lidt på hans dagsværk; det er nok værd at se på. Ak, hvor de aser, mand og dyr! Det ligger nok dybt, det guld, der skal findes her. Se, hvor ploven slingrer i den øvede mands hænder. Skæren begraver sig i gruset, som et rodende dyr, langjernet skriger op, hver gang den støder snuden på en sten, og det gør den for hvert skridt, studene tager. Hver gang det sker, går der et stød gennem alle den lille plovmands ledemod. Ved disse utallige plovstød gennem et langt slidsomt liv er han blevet stødt helt ud af faconen; hans lænd er skæv, hans skulder hænger, og gigten vil aldrig ret ud af hans knæ; men han råber frejdigt op til studene: Åhej! når hammelrebet slappes en kende.

Man ved ikke ret, hvad man mest skal beundre, dyr eller mand. Når så store strækninger af de jyske kær og heder har kunnet forvandles til "kornrige vange", så skyldtes det i ikke ringe grad den fromhed og det tålmod, hvormed disse senede okser er gået i tøjet. Deres udholdenhed er næsten uendelig, når de kan få lov til at "dulre af" uden at presses. Render ploven for en tue hårdkamper, en dusk katskæg, eller er der en særlig tyk porserod, der skal slides over med det syngende jern, da gør de sig korte i kroppen, rejser ryggen i en bue, så de kantede hvirvler ses under huden, og så: ratsch! med et brag slår den sprængte rod ind over svingeltræet, og studen knirker videre under et tilfreds slag med haledusken.

Nu er det russerhestens tid på heden, mens de fleste trækstude er gået gennem pølsemaskinen; men det bør ikke glemmes, at uden den herlige jyske stud, uden denne trofaste forbindelse af dyr og mand, havde næppe så mange lyngtoppe nejet sig for den syngende plov.

Her på Karupfladen, især da øst for åen, er der meget få beboelser. Heden ligger her lige så uberørt som i stenalderfolkets dage. Det hænder dog hyppigere og hyppigere, at gårdfolkene lader en fjerntliggende hedelod opbryde i et par efterårsdage. En dag ages så et læs røde teglsten ind på pladsen; der skabes et rundt, gabende hul i pløjemarken - en brønd, den første begyndelse til et hjem. Så ved man besked; gårdmanden har solgt sin skabede udlod til en eller anden krumhalset daglejer, der vil giftes til efteråret og derfor absolut må skaffe tag over hovedet. Går man over en sådan jordlod, gribes ens sind af medlidenhed med den familie, der vil binde sin skæbne til så fattig en jord. Furerne står på højkant; det stride sand griner op fra undergrunden, lyngen er knap til at ave. Men den mennesket iboende trang til "at have noget for sig selv" spotter alle indvendinger, og en solskinsdag har landet så fået et hjem mere, der ligger der med sine små ruder ud mod heden og vindene. Og ingen skal kunne nægte, at sådan et lille ensomt hus på heden kan se såre idyllisk ud, når aftenbrisen bærer dets skorstensrøg langt ind over de tavse hedelavninger, eller når morgensolen glimter i den duggede spergel ved endegavlen, mens hanen strammer bentøjet og sender sit gjald udfordrende ind mod de fjerne lagdsbyers haner. Dersom du titter ind, er det muligt, at du vil finde en række røde blomster i vindueskarmen. Men jeg ved af mangeårig erfaring, at der kan gemmes meget savn og lidelse bag sådanne små røde blomster. Især om vinteren, når frost og sne udsletter vej og sti og stænger brutalt for alle erhvervskilder.

Jeg mindes således tydelig en vinterdag for et par år siden; lægen der i distriktet havde fået anmodning om at komme til et sygt barn, og jeg steg op i fodposen til ham. Vognen gik i skump og slyng hen over den snefyldte lyng, snart i vej, snart uden for vej. Ikke sjældent måtte hestenes ben bryde vejpytternes is, før vognen slingrende og knagende kunne føres gennem mudderet. Langt ude bag en række gabende tørvegrave en god mil fra bondebyen lå hytten. Gavlen ludede; foden af muren var omsat med hedetørv; en lang brandhage støttede mod lyngtaget, hvori vinden havde flænget et hul, der lå og daskede med tagtotterne. Vi gik ind i stuen. Konen, en lille pukkelrygget kvinde med et sort tørklæde om kinderne, tog barnet op af vuggen og blottede dets krop for lægen.

"Hvad får det barn at spise," spurgte lægen og løftede medynksomt på dets afpillede arme og dets ben, der ikke var tykkere end en lysespiller.

"Tho det får da æ bryst, a gi'r selv mælk!" sagde konen med selvsikre hovednik.

"Ja, det kan ikke forslå; barnet må have en bedre portion; det er det eneste, det fattes. Giver ikke Deres ko mælk?"

"Nej, den er godt nok sen i tiden."

"Jamen, så må der hentes hos naboerne; mælk må barnet virkelig have."

Manden og konen vekslede et rådvildt blik. Heroppe på lyngen var jo naboerne ligeså fattige som de selv.

"Ja, det er endda forfærdelig vanskeligt," begyndte konen. "De flestes køer står jo sene ligesom vor egen; og har folk noget, vil de nødigt af med det."

"Hvad får I i det hele taget til føden," spurgte lægen, mens han lod sine øjne løbe hen over tre fire blege børn, der sad på en slagbænk under vinduet.

Konen så atter undselig over til manden; det var øjensynlig ikke det letteste spørgsmål at svare på. Da pausen ikke godt kunne laves længere, svarede manden, mens han rømmede sig: "Vi får suppe."

"Suppe?" svarede lægen vantro. "Hvad har I at lave suppe på? Har I slagtet noget?" "Ja, vi har endda." "Hvad har I da slagtet?" "Får." "Hvor mange?" - "Ét," kom det nedstemt. "Ét får til alle de mennesker! Det har I formodentlig slagtet i november, og nu er vi i februar." Nu forstod lægen og jeg bedre, hvorfor alle her i huset så så blege ud. Da vi kort efter steg til vogns igen, kastede jeg forinden et blik over kålgårddiget; jeg så da, at alle kålene var afskårne lige til jorden.

Nej, livet på heden er ikke altid lige idyllisk; især kan nøden gå nær nok, når børneflokken er stor, når koen, hyttens eneste trøst, er gået sen, og høkeren har nægtet at give mere kredit denne gang. Men hedens børn har en øvelse i at lempe sig forbi skæbnens stød, og de er utrolig nemme at gøre glade; læg en femogtyveøre i en lille hånd inden for en sådan hyttes tærskel. Og alle ansigter, store som små, lyser op af det; og den lille vil knytte hånden om sin skat og glemme mange grå dage for det ene lyksalige øjeblik.

Men hvorfor sidder jeg her og taler om nød og vinter, nu da sol og sommer ødsler deres guld ud over landet og end ikke lader heden stå i skammekrogen. Tiden går nu mod aften. Kragen flyver hjem mod plantagen med tunge, mætte vingeslag. Pløjemanden har spændt sine stude fra ploven; nu flytter de de tilsølede ben hen mod korshuset hist ude; kusken sidder sidelæns på bundfjælen og nynner. Oppe i heden kommer børneflokken ham i møde for at få en lille køretur. De små blonde hørhoveder vugger op og ned over lyngtoppene, løber og falder, løber og falder, indtil de når far. Studene standses. Hans store, brune hånd tager dem varsomt om overarmen en for en og haler dem indenbords. Mundene står ikke på dem. De rokker omkring på vognbunden som gæslinge i et sold. Det mindste sidder på faderens lår og truer studene på livet med den løftede hasselpisk.

Så falder klokken i slag henne fra Resen Kirke; intetsteds høres kirkeklokken så festlig som på heden, hvor dens runde, favnende rytme får lov til at rulle ud i hele sin ubrudte længde. Hvor falder dens tone dog herligt sammen med alvoren i dette landskab. Daubjerg Dås løfter sin tunge kegle mod østens skyer. Hist og her træder en husgruppe frem mod den blege horisont; det er, som de rejste sig på tæerne for at få et sidste blink af den vigende sol. En lille mils vej inde på lyngen til højre ses de bratte tagrygninger af tyskerbyen Resenfelde. Det ser ud som en flok kameler, der er gået i knæ med deres byrder.

Men nu slæber natten som et vod hen over lyngen; klokken hænger alt stille i sit kalkede tårn; farverne slukkes. Guldblommen, hedens smukkeste blomst, har allerede bøjet sin stængel; harekillingen har boret sit lille bløde bryst ned i lejet under klokkelyngen. Hugormen, der dagen lang har ligget med virrende hoved og solet sin klamme hud ved bredden af den lille hededam, er nu krøbet ind i knolden, hvor den har slået en knude på halsen, for at antyde, at nu vil vi - så bandede den - have nattero. Den lille brune angemus gør mørkningsjagt mellem siv og kæruld; den har allerede fundet de første dugdråber, hvad der bringer den til at udstøde et overgivent pip. I det samme løfter en ræv sin fiffige snude bag en dusk hældende kambunker; han rejser ørerne, dukker sig igen, han skyder sig langs jorden som en orm, de stride lyngrafter river ham i pelsen. Han krummer sig sammen, han er spændt med springkraft som en fjeder. Nu! Nu ....da lyder der nogle hule bump mod jordsmonnet. En sildig lyngplukker med madkassen dinglende over lyngleens skaft går kroget hjem fra sit ensomme dagsværk. Da han nærmer sig den lurende ræv, rejser en urkok sig for hans fod med lodrette, raslende vingeslag. Så, Mikkel, der gik den koksteg! Med et vredt kast i lunten genvinder ræven i nogle lange spring sin vante fatning.

Heden er underet. Heden er eventyret midt i vort ellers så borgerlige land. Skøn er den ved dag, endnu skønnere ved nat, når Karlsvognen spejler sin brækkede stang i dammen, hvor hjejlen ruger, og tavsheden går med tyssende fjed mellem de fjerne, ensomme hyttelys.

Før vi slutter denne dag, vil vi lægge vejen om ad Røverdalen her norden for. Navnet er ikke tillidsvækkende; landskabet endnu mindre. Her kunne man sidde og sammenfable natterædsler, der kunne give den mest prøvede folkeforskrækker af en romanforfatter dusinvis af søvnløse timer. Der fattes da heller ikke på sagn, som knytter en række grumme gerninger til stedet. "Vi skal leve af de vejfarende," sagde røveren i Sejbæk til kromanden i Hagebro. Dette har i umindelige tider været et kendt ordsprog. Røverdalen, der strækker sig mellem høje, skumle lyngbrinker i retning fra syd til nord, ligger netop midtvejs mellem disse topografiske punkter.

Her ved Sejbæk krydsedes dengang landevejene Viborg-Holstebro og Skive--Kolding; lyngen bøjer sig den dag i dag over deres mossede spor med en egen fordægtig tysthed, som havde de skumle hemmeligheder sammen, som ikke enhver måtte vide; de bissekræmmere og farende folk, der her forgæves har råbt om hjælp i de dybe efterårsnætter, er næppe få; deres usonede drab går endnu igen i hedens mørke sagn.

Den jyske Rob Roy, Jens Langkniv der fik navn efter sit forvovne våben, en lang dolk, som han på afstand slængte imod sit offer og atter halede til sig ved en rem, knyttes af sagnene til disse egne. Der er nu ikke længere tvivl om, at han er en historisk person, selv om han kun ved et enkelt tilfælde (1598) har rejst sit forbryderiske hoved fra de omrodede dokumentpakker. Tiden mellem de fjendtlige banders grumme hærgninger af den jyske halvø i 1627 og 1658 var netop særlig gunstig for trivsel af slige lovløse eksistenser. Folkedommen lader den fangede hederøver efter udstået fængsel og tortur blive radbrækket ved Horsens. Tidspunktet er her som altid i folketraditionen usikkert.

Men Jens Langkniv har ikke været ene om at låne disse egne romantisk skær og farve. Her tumlede Karl Gustavs svenskere og brandenburgere sig sammen med ulvene i 1658 og betegnede deres vej med mord og brand rundt om i de fattige hedesogne. Især gik deres plyndringslyster ud over præsterne, da de jo altid har haft lidt mere af den jordiske mammon end andre dødelige. Dokumenterne skriger til himlen om, hvad disse hedepræster måtte gennemgå. Både han i Haderup og han i Vridsted blev udplyndrede til skjorten. Men svenskernes raseri gik ikke alene ud over menneskene, men ifølge samtidige indberetninger nedskød de de fleste af dyrene i den kongelige vildtbane på Alheden, "så dersom den (dvs.: vildtbanen) ikke i nogle år fik forskånsel, blev den slet øde."

Vi nævnte foran ulvene, de spillede tidligere heller ikke nogen ringe rolle i hedens liv. I navnet Ulvedals Plantage her sønderude har man endnu bevaret mindet om deres eksistens, og ældre folk kan endnu i jordsmonnet påvise sænkninger, der dækker over tilsandede ulvegrave, hvor man fangede og nedskød dem for mod en belønning at bringe deres afhuggede poter til nærmeste herredskontor.

Ulvene var ikke alene farlige for de vejfarende, men nok så meget for de omboendes får og kvæg. De første overfaldt de, når dyrene græssede flokkevis ude på heden; de sidste angreb de hyppigst i båsene i hårde snevintre, når sulten havde givet dem frækhed nok til ved nattetide trods bøsser og lænkehunde at skrabe sig gennem bindingsværkshusenes skrøbelige lervægge. En hedeboer skriver i 1759: "Hederne er opfyldt med ulve, som skjuler sig i det høje lyng og kan ikke fordrives, men gør stor skade på hjordene. Jeg erindrer, at ulvene i min barndom gjorde så stort nederlag på kreaturerne, at man agede de ihjelrevne får og lam hjem i læssetal. Ulvene samler sig undertiden i så store flokke, at de rejsende må frygte for dem; de forjager tit hyrderne fra hjordene og gør stor skade." Selv efter at kolonisterne havde nedsat sig heroppe, blev ulvene ved med at husere, så en tidligere kolonisationsembedsmand kunne skrive (1764): "Hvad der af alle ting synes at kunne være schæferierne (fåreavlen) mest skadelig og hinderlig i en lykkelig fremgang, er de mange røvdyr og blandt dem egentlig ulvene. Dette utøj, hvormed de jyske heder temmelig er besatte, gør stor skade, og i min tid (dvs.1760) besøgte de allerede foldene midt i byen Frederikshede." - Også inde fra Randbølheden lyder der stærke klager over de vilde bæster, så en foreslår (1757), at "hver indbygger måtte tillades at holde en god, stor og stærk hund, et godt skydegevær og andet skarpt gevær for stratenrøveri og at hade ulve og ræve med, hvilke udi disse udørkener findes i mangfoldighed."

Man har heroppe på heden endnu bevaret ordet en ulvehest, dermed menes heste, der havde udviklet et særligt angrebsmod over for disse plageånder. En sådan hest holdtes altid skarpt skoet. Blev ulvene særlig nærgående, slap man ulvehesten af stalden. Den vidste besked, rejste hovedet og sprang af gårde. Når den atter dansede foran stalddøren, opførte den sig vildt og uregerligt, rejste sig på bagbenene og fnøs ud af næseborene. Men oppe på heden var sneen farvet af blod, og mangt et ulvelig lå på den frosne jord med sønderslået pandebrask. Ulvene holdt sig på den jyske hede helt ind i vore bedsteforældres tid. Før omkring 1830-40 er de allersidste næppe forsvundne, hvad end lærebøgerne behager at udsige om denne materie.

Hvad der også har præget heden i gammel tid, ja, måske endda forlenet den med dens allerstærkeste romantik, er taterne eller, som de kaldtes overalt i Jylland, kæltringerne. Ligesom rævene har dette folkefærd altid fortrinsvis holdt sig til halvøens heder og ødemarker. Her kunne de leve deres eget frie, utvungne liv uden generende kontrol eller politiopsigt og for øvrigt hengive sig til deres lidenskab, det omvandrende tiggerliv med alle dets tusinde tilfældigheder.

En unavngiven skildrer dem i 1841 således: "De bringer bønderne ferskvandsfisk, vibeæg og fuglevildt for mere holdne varer. Går de ud på "professionen", anviser anføreren den enkelte det distrikt, hvor han skal "grylle for butne" (kæltringelatin for "tigge føden"), mens føreren selv bliver udenfor. De tager til takke, selv om vinteren, med et leje i laden, i en møgdynge eller i den bare hede. De fanger urhøns og ryler i rendeløkker af hestehår, idet de rykker lyngen op i en rende, spreder sig med larm og jager fuglene ind i renden, for enden af hvilken de har tændt et blus. De trækker sig ud i lyngen og lægger sig der på ryggen for at dase, synge deres sære sange eller traktere skalmejen, en slags klarinet. Disse lykkelige dages minder varmer dem under vinterens elendighed, og når de træller i tugthuset. Undertiden mødes flere bander. Da bliver der liv. Dagene går med samtale, sang og søvn i solen, natten forkortes ved dans. Måske rejses der en provisorisk hytte af lyngtørv (ved en sådan på Ørre Hede menes Blicher at have hentet stof til sin berømte novelle: "Kæltringliv"). Får en mand lyst til at gifte sig, går han til sin fører med anmodningen. Denne sammenkalder banden; den giftelystne træder ind i midten af skaren og kaster en hvid stok til den kvinde, han attrår. Tager hun den op, er hun hans for livet. Bliver hun ked af manden, kan hun blive ham kvit gennem en ny forsamling, hvor hun bryder stokken itu og kaster stumperne for hans fødder."

Den mest udprægede repræsentant for denne race af omstrejfere er Lange Margrethe, hvem Blicher har tegnet så mesterlig i "Fjorten Dage i Jylland", hvor han altid ved at lade hende dukke op af lyngen i det kritiske øjeblik og klare alle grejer ved en ramjysk kraftsætning eller et determineret greb om knivskaftet. Med sine forbryderiske bander og sine fjorten unger i hælene på sig gennemkrydsede hun i et halvt århundrede netop hederne mellem Viborg-Herning-Holstebro -Ringkøbing. Hun er som indbegrebet af al den vilde hedes gru og uhygge, den beskørtede røver, der lurer i dalene og vejsænkningerne uden tag eller hus, og som altid er rede med sit venlige "lille put under hagen". Hedebonden har endnu langtfra glemt at fortælle om hendes bedrifter. Han skåner hende ikke. Den dag i dag kan bedsteforældrenes fortællinger om denne vandrende megære få et barnehjerte til at hoppe af rædsel. Kanske har man dog tegnet hende lovlig sort og samlet alle de ugerninger ene på hendes hoved, som rettelig burde fordeles på hele hendes fredløse stamme. Det eneste, som vistnok kan fastslås, er, at hun - der var døbt med det grundskikkelige navn Anne Margrethe Sørensdatter - i næsten halvfjerdsindstyve år gennemfægtede det jyske land i sine "springtriller" (kæltringudtryk for det jyske stunthose) og sikkert har været en hård brandskatter af de fattige hedebønder. I 1774 blev både hun og manden Chr. Nellik og endnu et par af den håbefulde familie inddømt i "Viborghus", dvs. det gamle tugthus, for voldelig færd mod en bonde i Sjørup. De slap dog atter ud, begyndte det gamle levned forfra og blev på ny "fakket". Det var i 1792. Lange Margrethe dømtes nu til at hensidde i tugthuset på livstid. Straffen blev dog ikke af særlig lang varighed. 30. oktober 1794 løste døden op for den 76-årige taterkvinde. Mere end én jysk bonde har sikkert modtaget meddelelsen om dette dødsfald med inderlig glæde.

I denne hæslige åbne begravelse, Viborg Tugthus, endte de jo næsten alle. Her fandt St. Blicher en forårsdag Linka Smælem og Peiter Benløs, hvis borgerlige navne var Birgitte Cbristensdatter og Mikkel Christensen. N. V. Dorph fortæller om dette møde i sit skrift "De jydske Zigeunere": "Jeg erindrer ikke rettere, end at pastor Blicher den 27. maj 1823 var til stede med mig i tugthusgården i Viborg, da et fruentimmer, velvokset og stærkt forbrændt af solen med et determineret ansigt trådte ind med en mand på ryggen og uden at værdige os eller nogen af de flere tilstedeværende et øjekast, spurgte sin ledsager med bestemt rolighed: "Hvor skal jeg hen?" og skred derpå mellem os over gården hen til den anviste opgang. Denne mand, som hun havde levet et naturligt ægteskab og har haft flere børn med, var vanfør både på arme og ben og kunne aldeles ikke gå. Hun måtte altså bære ham. .. Den omtalte kvinde hed Birgitte Christensdatter. Hun var født 1790 af vandrende forældre, og hendes fødested vides ikke, thi hendes hele liv havde været en vandring uden hjem eller noget fast opholdssted."

Her i tugthuset førtes Blicher også sammen med "Professoren", hvis døbenavn var Hartvig Andreasen Lunding, ham som Blicher på Ørre Hede lader danse reel med Linka Smælem i trefjerdedels takt, og hvem Dorph betegner som sin læremester i det rotvælske eller kæltringsproget. For denne sin villighed til at lære fra sig, fik han i sandhed en hård løn. Kæltringerne harmedes over at se deres tyvesprog røbet for fremmede og svor forræderen hævn. Dorph fortæller med gråd i stemmen, hvorledes Lunding kort efter sin løsladelse omringedes uden for Kolding By af en bande kæltringer og nedhuggedes. Han er da vistnok den eneste tater, der har ladet livet for videnskaben.

Også taternes konge Johannes Axelsen, i hvis hus herude yderst på Karupfladen Blicher lader kæltringballet fejres, måtte gang på gang afstryge sin majestætiske værdighed her i det skidne tugthus og i stedet for anlægge en slavekjortel. Samme Johannes Axelsen døde for øvrigt på Skellerup Fattiggård 19. maj 1872; en tragisk lod for alle, mest tragisk dog for en konge.

Man har jaget taterne, som man jager ræve; jeg skal blot minde om den store kæltringklapjagt over fire jyske amter, som man iværksatte 11. februar 1835, og som indbragte øvrigheden et bytte af ca. 200 pjaltede og af kulde og savn forkomne individer.

Hvor må disse fanatiske elskere af friheden have lidt under denne gentagne indespærring. Intet skal - ifølge en gammel forhørsdommer - kunne sammenlignes med den lethed og jubel, hvormed en sådan nylig løsladt fange bevægede fødderne hen ad en solbelyst hedesti. Heden har for længst mistet de fleste af disse sine trofaste børn. Alle de taterhytter, jeg har kendt, er nu jævnet med jorden; det gælder Johannes Axelsens i Ørre (nedrevet 1892), Daniel Axelsens i Resen (ca. 1885), Jørgen Axelsens i Vroue (1890), Anders Abrahams i Estvad (Ginning Herred). Måske står dog endnu taterhuset i Kisum Kær (Rønbjerg Station), som jeg besøgte i 1899, og som da beboedes bl.a. af Mimme eller Bitte Smut, der er en af de rappeste to tiggere, Jylland har set.

Samfundet har strøget taterslænget af sig; dertil er vel intet at sige; de var ikke altid lige hyggelige naboer. Og dog - den, der nu mindes disse sære, brune, solfalmede skikkelser, når de kom hen over hedebakkerne med deres vugger og tiggerposer og langthenblinkende bliktøj, eller den, som er gået dem nysgerrigt forbi ved vejkanten, når de med ryggen mod et solbagt dige lå og sled med tænderne i et glinsende stykke spegeflæsk, han lader ikke uden vemod sit blik glide hen over nutidens hede med alle dens overgroede tatertomter, hvor deres lystige bål for evigt er slukket, og hvor kæltring-fiolens vilde skurren for længst er tystnet over den susende lyng.

Men jeg dvæler alt for længe her i Røverdalen, nu da månen er gået ned, og mørket tættes over revlingrisene. Hvilken stilhed her! En ræv skriger inde i plantagen, en opskræmt fugl skærer mørket med sin vinge, så det piber, ellers intet uden lyngbundens syrlige ånde.

Men kulturmennesket, hvis øre er så vant til larm og støj, finder enhver stilhed mistænkelig. Hans fantasi begynder at arbejde med overfald og rædsler. Og som tidligere antydet: Røverdalen har sin fortid imod sig, og heden her omkring har mere end en ugerning på samvittigheden. Jeg skal blot fortælle om et par.

Klode Mølle kaldes en enlig gård her sønder ude ved Koldingvejen, sit navn bærer den til minde om de myremalmsudsmeltninger ("kloder"), som her dreves i gammel tid som en nu nedlagt hedeindustri. Til denne gård kom en majmånedsaften 1706 en ukendt person i en hvid trøje med hvide drejede benknapper, hvide blåstribede bukser og en pisk i hånden med en fløjte i enden. Han var træt og bad om at få lov til at blive natten over for muligvis at komme med en vogn til Holsten. Den gæstfri Niels Møller lod stymperen blive, men ud på natten, da alle lå i dyb søvn, rejste den fremmede sig og sneg sig ind i møllerens sovekammer med en lang kniv i hånden; først gik rovmorderen nu i lag med manden, hvem han bibragte flere svære sår, deraf "to store knivslag under hans venstre patte". Så kastede han sig over konen, hvis dyne han gennemhullede med vældige knivstød, til lagnerne drev af blod.

I sine plyndringer blev han dog forstyrret af de tililende tjenestefolk, så han skyndsomst måtte tage flugten; hans pisk blev liggende i møllen. Konen rejste sig igen, men mølleren blev i det. Man satte nu efter morderen med hest og vogn, fangede ham også helt nede i Husum og førte ham lænket tilbage. Siden stejledes han på bakkerne neden for møllen efter tidens skik med morderkniven hugget ind i tværpinden over sit hoved.

Den, som vil betragte hin krans af sorte lyngbakker, der den dag i dag slynger sig om gården og den tilstødende mose, må indrømme, at et mere passende fundament for et skafot næppe kunne opdrives.

Mindre blodig i sin udgang er den næste historie, som her skal fortælles. Hvem mindes ikke navnet Bittefanden, som Blicher har vævet ind i en romantisk novelle af samme navn. De færreste ved dog, at navnet dækker over Johannes Jensen fra Stenild, en miniaturekæltring på 58 tommer, hvis latterlige legemsstørrelse ikke stod i noget rimeligt forhold til alle hans forbrydelser, der i 1844 gennem en yderst forgrenet retsforfølgning omsattes til livsvarigt slavearbejde. Hans force var natlige røverier, hvoraf han udøvede de fleste i Himmerland, men engang imellem strejfede han ligesom andre rovdyr videre ud; på et sådant togt kom han sammen med en ligesindet kaldsfælle en augustaften (1835) til det ensomt beliggende Gedhuset på Karupfladen, der dengang beboedes af Ole Andersen, en bonde, som nu og da lånte hus til bissekræmmere og ansås for ret velstående. Da de to skintinger havde gået den ganske dag, følte de sig for matte i sokkerne til straks at tage fat på "arbejdet", de kravlede derfor op på høhjaldet i et af udhusene for at samle kræfter. Her lå de nu og lurede denne nat og hele den påfølgende dag, uden at det lykkedes dem at få alle beboerne til på én gang at forlade huset. De udspekulerede da en plan, der skulle lokke ejeren i fælden, og udførte den på følgende måde: Da folkene anden dags aften var gået til ro, lod banditterne sig lydløst glide ned fra høloftet. På toften uden for huset fandt de en hest tøjret; de aftog dens tøjr, som de i mangel af kniv filede i passende stykker på en sten. En svær egeknippel knappede medhjælperen inden for vesten, hvorpå han nærmede sig Ole Andersens sovekammervindue og kaldte med hul, fordrejet stemme: "Wolle! Wolle! Sover du, Wolle?" Så snart han havde fået manden vågen, fortalte han en bedrøvelig historie om, hvorledes han, der nu udgav sig for en holstensk pranger, var væltet med vognen en fjerdingvej inde på lyngen og ikke kunne få den på ret køl igen ved egne kræfter alene. Den tjenstivrige Ole Andersen kom nu halvt påklædt frem i døren, parat til at yde skurken en håndsrækning. De gik sammen ud i mørket.

Den hjælpsomme Ole Andersen trippede ivrigt hen over lyngen med træskoene under armen; skurken holdt sig lurende og langbenet en kende bagefter, stadig med egekniplen skjult under vesten. En halv fjerdingvej fra huset kastede røveren masken og lod kniplen suse ned over den intetanende Oles arme og skuldre. Bonden styrtede til jorden. Banditterne kastede sig over ham, thi nu var også Bittefanden dukket frem. Ole kom på benene og huggede sig fra dem, men blev atter indhentet; man søgte at slå en løkke om hans hals, men han frigjorde sig, mens han tilbagetvang den susende knippel. Atter sloges han til jorden; de truede ham med kniv, hvis han skreg, og da de nu havde pryglet ham til at ligge stille, kom rebene frem, og man bandt hans arme på ryggen og slog hele tre tykke hampesnore om hans korstvungne ben; derpå stak man hånden i hans lomme og udtog chatolnøglen, og efter at de havde truet med at vende tilbage og slå ham død på stedet eller svide huset af over hans familie, så sandt han gav et kny fra sig, stod de i rend mod huset.

Ole Andersen søgte forgæves at frigøre sig fra de smertende bånd; men alt, hvad han kunne udrette, var at trimle lidt omkring i lyngen, og da også det var forbundet med smerte, lå han omsider stille hen med sine øjne fæstede på det prisgivne hjem.

På én gang så han, der blev tændt lys i huset; det for frem og tilbage i stor forvirring; han tænkte med gru på sine tre små børn, der nu sammen med al hans ejendom var prisgivet røvernes luner; og lyset blev ved at hvirvle ud og ind, op og ned i næsten en time. Da stod det med et ganske stille, og da det havde stået sådan en tid, vidste Ole, at nu havde røverne forladt huset. Han vovede sig til at gøre anskrig, og hidkaldt af hans skrigen kom langt om længe hans tjenestekarl ilende over lyngen og skar hans bånd over. Da havde han ligget snæret i to timer. Ved karlens arm stavrede han tilbage til hjemmet, hvor røverne havde huseret galt nok; de havde ikke tilføjet børnene noget ondt, men husholdersken var blevet truet med kniplen. Bittefanden havde forgæves opbrudt to chatoller; var så gået ud efter køkkenøksen og havde ophugget en række gemmer. Udbyttet var 27 rdl., nogle klædningsstykker og en flaske brændevin.

Røverne slap bort uden at blive stoppede; først 1841, da Bittefanden sad i Aalborg Arrest, bekendte han dette overfald sammen med et utal af andre skurkestreger.

Gedhuset ligger endnu på den øde hede med lyng og revling til alle kanter. Nu er det et sommerasyl for den straffekoloni af fanger fra Horsens Tugthus, der må trælle med lyngpressen eller hugge plantningshuller i den stridige al med de lispundtunge stålhakker.

Der kunne fortælles endnu adskillige nervepirrende historier fra hedens natside, f.eks. den om pigen fra Høgild Mølle, der en forårsmorgen i 1845 blev fundet bag ved gården, fæstet til mølledæmningen med en lang kniv stukket gennem de korstvungne håndled; mistanken blev rettet mod tateren Small' Hans, og forbrydelsen blev sat i forbindelse med forsmået kærlighed; men øvrigheden kom aldrig til noget resultat; thi pigen, Maren Christensdatter, der først døde højt oppe i årene, gik i sin grav uden at have røbet gerningsmanden.

Men lad os nu slippe de uhyggelige nattanker og fæste vor opmærksomhed ved gryet, der begynder at rødne himlen bag den susende granplantage. Skyggerne kryber sammen i dalbunden; lyngsletten emmer fra mos og lav; genstandene begynder at springe frem af mulmet, her en enlig sådhytte, hist en række sorte hedetørvsskruer. Nu jubler hjejlen dagen i møde med et par langtrukne løb over sin fløjte; på en knold i mosen, kantet med kæruld, står den og strækker hals. En fåreklokke skingrer lydt gennem dugfald og lærketriller, og to høge kriges under skarpe skrig mod en gylden sky. Vi går ned til Karup Å, der kringler sig bort gennem enge og mellem lave hedebrinker. Sådan en hedeå er en elskelig ting. Karupåen hører til de allerejendommeligste. Den giver hele dette fattige landskab sjæl; den svulmer i hedens barm som en puls; den går og lægger små engskifter af til begge sider af sine bredder og klukker så godt derved: Nå-nå! Så-så!

Ved disse grønne gaver mildnede den ofte hedens jammer. Den går og betler sig vandet til rundt om hos de små hedemoser; for Gud skal vide, at den høje hede ikke har mere af den kostelige vare end til sig selv. Men moserne omkring Pådrup og Klode Mølle giver den så meget, at den lige kan komme i gang; men nede ved Karup Bro er den allerede en imponerende strøm, hvis vældige isstykker i tøbrudsnætter springer buk over de jernbeskinnede ishamre.

Her henter mangen en hedebo sig en godbid i den smukke spættede ørred, der med sammenbidt energi trodser sig gennem modstrøm og stemmeværker for i læ af åens sandede brinker at kaste sin rogn. Ørredfiskeriet drives gerne i de mørke sludfulde efterårsnætter; og ligesom jægerdriften er den ofte knyttet til bestemte familier. Fiskeredskabet kaldes "æ togger", et vod, der holdes oppe ved en lægte, som driver på strømmen og spænder over åen i hele dens bredde. Hver fisker har sit stykke strøm, som han afsøger. Er han kommet til enden af sit stykke, tager han lægten med garnet på skulderen og går atter modstrøms for at begynde et nyt dræt.

Kun i dens første løb skrider Karupåen igennem særlig ejendommelige lyngterritorier; her vrider og bugter den sig, som en snog under en støvlehæl; igen efterhånden som den nærmer sig fjorden, breder den sig mageligt mellem bredder af lave, frodige engdrag. Man skal se den sådan en skyløs sommermorgen, da den damper som et bryggekar, og da svingel og sødgræs krydser klinge på dens hule bredder, mens midtstrøms de favnelange tråde af alger og grødegrønt svajer ned og op som rendegarnet i en kæmpevæv.

Fra Karup Bro ser du ud over de mest udstrakte hedeflader til alle sider. Vest for åen strækker sig Gedhusfladen, der mod syd render helt ind under Herning By og mod vest begrænses af Storå og Holstebro Å, imod nord fortsættes den bag om Haderup i Hjelm Hede med dens så ejendommelige jordfaldshuller (tre af disse bratte fordybninger kaldes efter størrelsen: Tønden, Skæppen, Fjerdingkarret) og den pragtfuldeste sørække, som heden kender, der begynder med Stubbergård Sø i syd og slutter med den udstrakte og forgrenede Flyndersø i nord. Også i hedens sydligste del liver nogle småsøer svært op midt i lyngens tungsind, således Sunds Sø, der har afløb til Storå og den ganske besynderlige, kredsrunde lille Kragsø, der uden noget som helst afløb ligger blå som et barneøje og stirrer troskyldigt ind i himlen. Øst for os har vi så Alheden, der løber ind mod Viborg i øst og Silkeborg i syd, og som gennem sine forlængelser Gråhede og Hestlund Hede bærer synet langt sydover mod hederne omkring Brande og Randbøl, der atter gennem talrige udløbere i vestlig retning står i forbindelse med de sammenhængende hededrag øst for den vestjyske længdebane og nordover strækker sig hen mod Lemvig i den store nu stærkt tilplantede Klosterhede.

Mens en hederejsende - Chr. Abraham Willarts - der drog over de jyske lyngørkener i 1722, kunne berette om egne, hvor han mange steder kunne gå 3-4 mil uden at se et hus, er heden nu de fleste steder gennemspækket af nybyggere, der vover sig i kast med lyngen og lægger fure på fure af denne gamle urtidsgrund ind til landsbyens øvrige brakjorder.

I 1866 fandtes der i Jylland ca. 160 kvadratmil hede; nu er vi nede på denne side af de 60. Af den store lyngflade har plantagerne taget ca. 20 kvadratmil. Resten - altså ca.

80 kvadratmil - er plovens part. Godt skuldret i knap en menneskealder!

Det er nu op imod 200 år siden, at Jyllands udstrakte heder begyndte at vække statsøkonomernes bekymring. En regimentskvartermester, Christoffer Falck, indsendte den 15. marts 1723 til regeringen et forslag, hvori han gør udførligt rede for sit syn på hedesagen og fremlægger sine planer til hedens gradvise opdyrkning. Dette forslag resulterede i en kongelig forordning af 26. maj 1723, der tilbød eventuelle hededyrkere en række friheder og skattelettelser; men planen led en fuldstændig fiasko; kun én mand meldte sig i hele Bøvling Amt, og han gik endda bag af dansen. Så lå sagen brak til op i 50-årene; i 1751 nedsattes en kommission til undersøgelse af hederne. Dens vandringer indskrænkede sig dog til Alheden, og også dens vise råd løb ud i en kongelig resolution, der kun var et opkog af Christoffer Falcks for længst henvejrede luftspejlinger. Den bar da også omtrent de samme frugter, - det vil sige: ingen.

Men nu dukker en mand frem og forfægter hedens opdyrkning med en eksempelløs energi, og som, da intet andet kan overbevise samtiden, selv tager fat med de bare næver, og uden hensyn til fødsel og karriere vier sine evner til en hedebryders møjefulde og slidsomme dont. Det er den tyskfødte Ludvig von Kahlen, som hidtil aldrig er blevet nævnt i hedens annaler, men som sandelig nok fortjener en plads, ikke så meget for det resultat, han nåede, som for den oprigtighed og styrke, hvormed han forfulgte sin plan.

Den, der fra vest nærmer sig Alhedekolonien, vil midtvejs mellem Sejbæk og Grønhøj se en klynge træer, der står og krykker i vestenvinden og bøjer deres mossede grene ud over Skive-Kolding Landevej. Det er de sidste ynkelige rester af den virksomhed, som kaptajn Kahlen begyndte her i sommeren 1756, da han for regeringens penge byggede en gård, som han kaldte Kongenshus og befolkede med sine landsmænd, de langskæggede meklenborgere, som han anså for de bedste hededyrkere i Europa, og som han personlig havde afhentet i sit fædreland. Deres samliv blev imidlertid af kort varighed; meklenborgerne var ikke nær så ivrige for Alhedens kultivering som von Kahlen; der måtte sættes vagt omkring ejendommen, for at de ikke straks skulle løbe deres vej, og ud på efteråret måtte man om end halvt nødtvungent lade dem sejle deres kås. Kahlen var nu så godt som ene; i 10 år turede han egenhændig med den vanskelige ejendom, forvandlede sig selv til en bonde, rejste sig ved solens første stråler og gik efter ploven bag det knirkende studespand. Regeringen hjalp ham lidt i ny og næ, men omsider skred det sammen om ham; han var nu en gammel udslidt mand, og kun med møje opnåede han en lille militær post i Frederikshavn, hvor han endte sine dage 1774. Han er Alhedens første kolonist, som ved sit håndfaste eksempel sikkert har haft nogen indflydelse på kolonisationens senere udfoldelse.

I disse år havde den danske regering store planer for med de jyske heder. Tyske nationaløkonomer - som Joh. Henr. Justi -, der droges ind i landet og gennemfor hederne, opildnede regeringen til så hurtigt som muligt at begynde opdyrkningen i videste udstrækning. Heden havde muld nok og vand nok; kort sagt menneskelige eksistensbetingelser i enhver retning. Heden på denne side af Limfjorden, hed det, udgjorde vel 200 kvadratmil; at lægge dem under plov, det var jo så godt som at erobre et helt hertugdømme. Justi ruller med millioner af rigsdalere forbi regeringens næse. Sæt, at man i hederne anbragte 10.000 familier, det ville koste Hans Majestæt 1 million rigsdaler at give disse husly. Lad dem så have 10 afgiftsfri år, og forlang derpå af hver familie 20 rigsdaler årlig, så vil den udlagte million være indbetalt i løbet af få år. Var det ikke som fod i hose, spurgte den triumferende von Justi.

Jo, det var rigtignok noget andet, end hvad den forsigtige Kahlen havde foreslået: at begynde på en eneste gård med nogle langskæggede meklenborgere og et par gode jyske trækstude og for øvrigt tage udgifterne i styrvolt ved salg af spillekort.

Regeringen lod sig imponere af von Justis suffisance. Den sendte sine agenter til Pfalz og Rhinlandene, og i løbet af 1759-60 oversvømmedes Fredericia af tyske småfolk, der hjulede af sted gennem gaderne med deres pikpak og sladrede væk på deres tysk til ven og fjende om det jyske eldorado, som de skulle erobre på Jyllands Hede. Danskerne trak på skuldrene og så halvt spottende, halvt medynksfuldt efter dem. Den 16. oktober 1759 ankom de første kolonister til landet - "9 mand og et muulesel" hedder det i de samtidige beretninger. Den 24de i samme måned præsenterede regeringens befuldmægtigede Hans de Hoffmann dem for hedens herligheder. Man læser deres dybe skuffelser ud af de tørre indberetninger og embedsskrivelser. For sent mærkede de, at de var lokket i en fælde. Men nye skarer trængte ind og krævede plads, i alt godt 1000. Intet var gjort for at modtage dem, ingen huse byggede, ingen hede opbrudt; nøden steg, efterhånden som de fremmede havde opbrugt deres små sparepenge. Regeringen måtte påtage sig hele underholdet af såvel folk som fæ, indtil jorden i nogen grad var kommet i kultur. Dette liv på offentlighedens pung avlede hos de slettere elementer smag for driveri med påfølgende svir og udskejelser. De blev opsætsige og fordringsfulde; de onde gemytter pustede til flammen; og det hele syntes at skulle ende i det vildeste anarki. Gamle Hans de Hoffmann, der halvt nødtvungent ledede foretagendet, klager ynkeligt over sin hårde lod, mens han søger at opretholde respekten ved at lade nogle af de urolige hoveder danse i slaveriet. Store masser flygtede tilbage til Tyskland igen, så snart de så deres snit til forinden at sælge de ejendele, som regeringen havde betroet dem; andre udjoges af selve ordenshåndhæverne som farlige for koloniens trivsel, så at de oprindelige ca. 1000 individer i 1770 var sunket ned til 417. Regeringens udgifter på foretagendet havde været kolossale; indtil 1777 udgjorde de alene for Alhede- og Randbølkolonisationens vedkommende 329.000 rdlr.; på lignende anlæg i de holstenske heder var der ofret ca. 709.000 rdlr. Men nu måtte der også tages en maske ind, hvis ikke staten helt skulle forløfte sig på opgaven. Den 24. september 1765 bliver det sagt til kolonisterne, at nu vil der ikke mere vanke nogen understøttelse fra regeringens side. De stakkels mennesker giver sig til at græde himmelhøjt. Koloniforvalteren Hans Kjærsgaard trøster dem, så godt han kan; kun alt for vel kender han deres elendige forfatning, især ynkes han over de 21 familier, som er flyttet ud på nye og rå pladser; de har ikke avlet så meget, at de kan føde halvparten af kreaturerne, langt mindre kone og børn. Ingen vil nu borge kolonisterne noget. Deres brønde vil snart forfalde, og de har ingen penge at sætte dem i stand for. Ingen i omegnen vil hjælpe dem med et halmstrå, thi som Hans Kjærsgaard skriver: "Enhver af kolonisterne er både i almindelighed og i særdeleshed odieuse (forhadt), uden i tilfælde at de (dvs. bønderne på egnen) udi køb og salg kan om ikke aldeles eller altid bedrage dem, så dog fordrer ved alle lejligheder så godt som dobbelt betaling af disse fremmede, for hvad de dem må afkøbe til ophold... " Det eneste bønderne der omkring er kolonisterne behjælpelige med, siger Kjærsgaard, er med at flygte; "her står de dem bi af yderste formue, thi de lurer og længes efter, at kolonisterne ville kuns blive urolige og gå bort, alt for tvende årsagers skyld: 1) de mener derudover at kunne blive fri for videre kongerejser; 2) de forhåber - især prangere - at gøre gode profitter og fordele ved disse uroligheder, der alt sker om natten; og i løndom dels at købe alting let af kolonisterne, dels at forbytte besætninger, vogne, plove og andre redskaber."

- Årene gik. Og de fattige nybyggere afpassede sig efterhånden til forholdene. Men det var næppe sidste gang, at de græd højlydt over deres usle jords alt for karrige gaver. Slettere bund end der, hvor man havde anvist dem brødet, fandtes næppe i vort land. Med en utrolig tankeløshed havde regeringens kommissærer udpeget disse bopladser på steder, hvor der ingen mulighed var for at bjærge det ringeste hø. Hvad det vil sige, ved en hededyrker. Han kan finde næring på den mest skabede hedebrink, blot hans jordlod må dyppe tåen ved en smule bæk eller levende væld; en lille strimmel eng under bakken, med blå og røde blomsterstænk, en lille slynget strøm, der sætter en grøn bort af skaller og trævlekroner omkring fattigmands jord, kan kaste et forsonende smil over hele ejendommen. Men her var ikke smilende grønt, kun det stride sand, som alle vegne viste tænder. Ved halvandet århundredes eksempelløse slid og tålmodighed har man dog nu mange steder i Alhedebyerne Grønhøj, Havrdal og Frederikshede nået smukke resultater; mergelen har her som overalt i lyngegnene gjort sine vante mirakler. Små smalsporede hedebaner, der stønner hen over lyngen, henter mergelen henne fra mere lykkelige egne i øst, læsser den af i hvide dynger ved stationerne, hvor den hentes af de omboende. Ikke den mindste gnalling af den må gå til spilde.

Nu ligger disse hedegårde i de fleste tilfælde bag grønne skanser af kløver og turnipsmarker.

Rugen render i vejret til mands højde og sænker sig ydmygt under sine vippers vægt i de lyse nætters kornmodsblammer. Havren lyser gult som rav og gynger frejdigt i de gennemskinnelige knæ. Men lad regnen blive borte nogle uger, kom her efter en langvarig tørke, når himlen har haft "boniteringsmændene" ude, som det hedder i hedesproget, så er jorden heroppe ikke sen til at vise sin forræderiske karakter; da får rugmarken let alt for store hvide pletter, det ene spinkle havrestrå kryber lavt og bange bag det andet for den hærgende sol; da må de små gårde sætte al deres lid til spergelen og kartoflen, hedebøndernes to trofaste forbundsfæller gennem tiderne. Som sagt, den almindelige udvikling af driftsmåder og hjælpekilder har også nået disse ørkenbørn; men i min barndom var det anderledes. Vipper så tynde som barnefingre, og strå så spinkle og saftløse, at de næppe kunne "stå" for lebladets hug. Optagersken havde gode dage i de tider. Herregud, hvor skulle der trimles langt med det, inden der blev neg af det! Og hvad fyldte det så under bjælken, når det kom i hus! Men ejeren havde en medfødt evne til at fordele de fattige strå mellem kalv og ko, så ingen følte sig særlig forurettet, og barnet sendtes i heden til fåreflokken med en endskal brød og en gnalling hjemmegjort ost i knudeklædet; så fik det selv at søge sig erstatning rundt om i sortbær- og tyttebærbuskene.

Den dag i dag må hedebondens første og største bud være nøjsomhed, om han skal blive gammel i gårde herude. Hver del i hans hytte er mærket deraf. Heroppe på Alheden ligger endnu flere gårdtyper, der er over hundrede år gamle. Lad os gå ind i en af dem, men glem ikke at bøje hovedet, når du skrider over det høje dørtrin; det kunne ellers let give en bule i panden. Stuen er ret rummelig med bjælker i loftet og ikke sjældent sten eller endog ler til gulv. De få møbler er gamle og musegnavede. Sengen ofte muret ind i væggen ligesom den dragkistelignende bilægger, i hvilken der fyres ude fra køkkenet. Vinduerne er lave, og der hænger ældgammel luft rundt om i krogene. Væggene er hvidtede, og skilderierne er ofte kun nogle håndmalede gravskrifter i grelle indianerkulører.

Klæderne er solide, men tarvelige og uden snit, sådan som en eller anden frostfingret landsbyskrædder, der går om mellem gårdene med en saks, en knald voks og et pressejern, har rispet det sammen. Madens hovedbestanddele er grød og kartofler; den nydes helst i tavshed. Brødet behandles som Guds særlige gave med dyb pietet; i mange hjem slår madmoderen med brødkniven et kors for endskallen, før hun tager hul på kagen. Falder et stykke brød på gulvet, kan det hænde, at hele måltidet afbrydes, indtil det atter er fundet. Der siges ikke bordbøn uden jule- og nytårsaften; ligesom man overhovedet ikke holder af at skilte med sin religiøsitet. Om søndagen går de gamle gerne i enrum og repeterer deres konfirmationssalmer. Og da må de jo læse højt, så Vorherre kan høre, at de har ihukommet deres pligt.

Ensformige og grå glider dagene herude uden store overraskelser, et væltet lynglæs, en mand med en brækket vognstjært er vis på at blive samtaleemne i lange tider. Hellig og søgn går næsten ens, kanske hæger man sig lidt mere på en søndag end ellers; kvinderne pynter sig foran en spejlstump ved køkkenbordet; mændene skrubber sig ved kjeldtruget. Hedeboerne holder gennemgående meget af deres dyr. Madmoderen løber dagen lang med skrælling til grisen; og den lille russerhest får sin husbonds skrå eller kiler af sted, så snart den har sluppet den svedige sele, hen imod stuehuset, hvor husmoderen gennem den åbne vinduesrude under klappen og småsnakken rækker den familiemåltidets brødrester.

Her er gennemgående et godt forhold mellem naboerne. Slagter én en gris, går der gerne småbid omkring til de andre. Hvor der er længst mellem gårdene, er der oftest kortest mellem hjerterne. Hjælpsomhed er hedebonden i kødet båret. Lad der blive tale om en natlig barselaffære, hvor læge eller jordemoder skal hentes med korteste frist, så er alle på tæerne fra små til store; lysene flakker og flimrer uden ophør under tagskæggene af de små, lave hjem og fortæller den vejfarende, at her er noget på færde. Mændene løber med lygte fra gård til gård for at få hestespandene ud; sneen bærer skæret milelangt. Det ene lille dampende russerspand møder det andet, for at lægen kan nå frem med friske heste; og mændene er gået halve mil for ved lygter og brande at hjælpe vognen gennem pløre og lavninger og mange andre farer, som en mørk vinteraften kan lure med i disse dybe ensporveje. I en sådan stund lærer man at elske hedens mand; da svulmer ens bryst ved tanken om, at næstekærlighedens bud og de samfundsopholdende kræfter blomstrer så skønt i disse primitive sind, mens det moderne kulturmenneske så ofte pansrer sit hjerte med egoisme og afstandskulde.

Men længe vil disse tilstande næppe vare. Kulturen vil også erobre heden og alt det, som dens er. Dens tropper knejser allerede ved himmelranden i skikkelse af milelange granplantager, og hedeboernes stationsbyer ligger på sletten i efterårsnatten med en stråleglorie af elektrisk lys helt op i skyerne.

I disse bestræbelser for at kultivere heden spiller "Det danske Hedeselskab" (stiftet den 28. marts 1866) en altdominerende rolle. Sjælen i dette selskab og den, som ledede det med jernfast hånd gennem en menneskealder, var Enrico Mylius Dalgas (født 1828, død 1894). Den, som en gang har set hans lille, tætte, skulderfaste skikkelse med det grå, kortstudsede fuldskæg og de tunge, blankkravede skaftestøvler, glemmer ham sent. Han mindede om disse seje, lavstammede og bredtskyggende træer på heden med jern i veddet, hvoraf han opelskede så mangfoldige, og som står og sveder en ram lugt af harpiks og energi fra sig. Jeg så ham i min barndom i mit fødesogns skole, hvor han skulle omvende en flok trevne bønder til plantningssagen. I begyndelsen sad de og spyttede over kors, tværede klatten ud med kæppen, og var hverken til at hugge eller stikke i. Men som en fjeder sprang Dalgas ned fra katederet og gik dem enkeltvis på huden; han svøbte dem ind i sin mest dårende veltalenhed; han angreb dem forfra og i flanken; han ærtede og stak, han fremdrog hyppigt andre egnes glorværdige eksempel; han endte med at smigre dem tykt; de tøede op, de gik i tøjet, de lo af hans friluftsbrandere, så deres maver hoppede. Og så oppe midt i latteren en rask drejning på hælen og nu front mod den næste indvending! På mindre end en halv time havde han dem alle. Fly Hedeplantage står den dag i dag som et 40-årigt minde om hans veltalenheds sejr.

Her er ikke stedet til at fortælle "Hedeselskabets" saga, dets fortjenester eller misgreb, dets uendelig forgrenede bestræbelser for at udslette heden af Jyllands kort snart ved plantning og opdyrkning, snart ved overrisling eller afvanding af moser og sumpdrag. Et kæmpeforetagende er det, men et foretagende i den skæreste nyttes tegn, hvis kolde rektangulære principper går som en jerntromle hen over nok så skønne og særegne landskabelige ejendommeligheder. Et stort og mærkeligt foretagende, der altid har haft en fløjtende medbør i sine sejl. Staten har siden dets stiftelse skænket det millioner, og private har taget det under armene. Dalgas gik i sin grav med en glorie som en folkehelgen.

I sommeren 1906 dannedes et nyt selskab, det såkaldte "Hedebruget", der ved nogle vimse bevægelser hos regering og rigsdag har søgt at drage fordel af den alt herskende stemning for lyngens totale udslettelse.

Med stiftelsen af dette selskab må vi håbe, at lyngraseriet har kulmineret i Danmark. Nu lyder det ofte, som var lyngen og sandet det eneste fuldt anstændige at vie de overskydende kræfter. Men vi har da i vort fædreland også andet end sand; vi har meget muld i Danmark; gammel muld, gæv muld, men såre mangelfuldt udnyttet muld. Jeg tænker på den døde hånds jord; alle de skambundne storjorder: len, stamhuse, fideikommisgodser, som den gamle grundlovs paragraf 93 har lovet skulle blive almindelig folkeeje. Hvor er den Dalgas, der med håndspaden tør pege ind over disse ejendommes vældige brødmagasiner og kræve dem delt ud til det store arbejdende folk! Her ville Danmark med lethed kunne nære hele sin overskydende befolkning, der nu lokkes ud til et forkrøblet liv på heden, hvor sandet og lyngen talrige steder ikke har føde til en regnorm, hvor meget mindre da til sultne menneskebørn.

Men der er endnu ingen ørenlyd for slige røster i Danmark, og sagtens vil der ingen blive, før det er for sent. Og vi, som har alle vore dybeste og inderligste naturindtryk fra heden, vi må se at svælge vor sorg, så godt vi formår.

Men den, som har iagttaget udviklingen i de sidste 30 år, må indrømme, at her sker en langsom forbytning, som næppe helt er af det gode; i stedet for vort eget kære barn har man lagt os en skifting i vuggen.

Der, hvor fata morgana tegnede sine fantastiske solslotte i den flimrende luft over tørvestakkene, der ligger nu en rødstenet stationsby med hæslige mønstre i skifertagene, med brødhandel og forbrugsforening og hele pibetøjet. Hvor Loke såede sin havre i milekast over blånende åse, mens bævreaspen skælvede langs moseranden, og hjejlen syslede ensomt med kuldet under den duftende porse, der saver damphesten sig nu prustende hen gennem bakkerne, kaster hånende en glød i lyngen; heden brænder; plantningsmændene får travlt med projekter; atter nogle hundreder tønder lyngjord indvundet til Hedeselskabet; glæd dig, Jylland, du tabte en naturejendommelighed, du mistede dit urgamle særpræg, og fik som erstatning 100.000 favne pindebrænde!

Men dagen er til ende, og mine vandringer med den. Jeg sætter mig på en knold og ser endnu engang ud over min barndoms hede; vi hvisker sammen; det er som at sidde og trøste en dødsdømt. Vældige røg-neg fra plantagernes tjærekogerier stiger op over den sydlige himmelvæg, sænker sig over landskabet, spreder sig kvælende over lyng og lav og prikker alle de små fugleunger i ganen. Stationsklokken falder i slag, et vrinskende stålhyl skingrer gennem stilheden; lokomotivet klaprer af sted gennem tusmørket med en ildmanke af flammebelyst røg bagud over vognrækken.

Klokkelyngen gusser sig ræd i sin grå kjole; duggen falder; jorden ånder tungt. Mørket bliver tættere over den tungsindigt rokkende lyng. Jeg begynder anspændt at lytte halvt ud ad mod mørket, halvt ind ad mod mig selv.

Hvad er det, der hvisker skælvende som i gråd?- En sang... en sang! –

Lyngens klage:

"Her har jeg stået i tusinde år,
sust for de slægter, der svinder og kommer,
nikket goddag til den brydende vår,
viftet farvel til den hastende sommer.

Regnen og haglen har kæmmet min lok,
vindene spredte mit rødlige bloster,
medens langs bakken den stinkende brok
luskede hjem til sit blindfødte foster.

Jeg var den fredløses tilflugt og havn;
tit har jeg skærmet den sårede hare,
lærkernes spæde lå trygt i min favn,
så imod himlen med øjne så klare.

Tyttebærkonen sin rødnende frugt
krumbøjet sanked trods lændernes smerten,
hugormen kravled i vrid og i bugt,
spilled med brodden og svinged med stjerten.

Hjejlen sad enligt på tuen og sang,
Loke drog sående lavt over sletten,
opskørtet tatersken gik her engang,
med sine ravnsorte hår under hætten.

Har jeg ej skærmet, o Jylland, din jord,
lagt mig som værn om din flyvesands-bringe,
dæmmet for klitten, hvor uroen bor,
hvæsser i blæsten sin marehalms klinge?

Spørg hver en spove, der spejder langs strand,
spørg hver en klyde, der løfter sin klage,
om jeg bør skygges ihjel på mit sand,
om jeg fortjener i flammen at sprage.

Spørg hver en mand i smårudede hus,
der hvor han bred ud af dørkarmen skuer,
om han vil miste mit klagende sus
eller mit vidsyns de vældige buer.

Spørg om han længes mod skovene blå,
når - mens i morg'nen han spreder sin mergel -
gederne bræger, og lærken den grå
løfter sin top i den duggede spergel.

Vel er min ranke kun mager og tør,
lidt jeg kun yder til fadet og bøtten,
ringe jeg skattes af okser og køer,
men så des mere af sangeren, skytten.

- Sært som min hede er menneskets krav,
brød skaber ikke hans lykke alene,
mæt ham med velstand: før nogen ved af,
skælver hans hjerte i suk efter - stene.

Und mig da fred på min fædrene grund,
lad mig i sandet dog rødderne sprede!
Brød skal du hente fra muldmarkens bund,
vidsyn og fred på min drømmende hede.

.

.

.